Impressum
Verlag: BABADADA GmbH, Nedderfeld 112 , 22529 Hamburg
Geschäftsführer / Verlagsleitung: Harald Hof
Druck: Books on Demand GmbH, In de Tarpen 42, 22848 Norderstedt

Imprint
Publisher: BABADADA GmbH, Nedderfeld 112 , 22529 Hamburg, Germany
Managing Director / Publishing direction: Harald Hof
Print: Books on Demand GmbH, In de Tarpen 42, 22848 Norderstedt, Germany

escola

școală

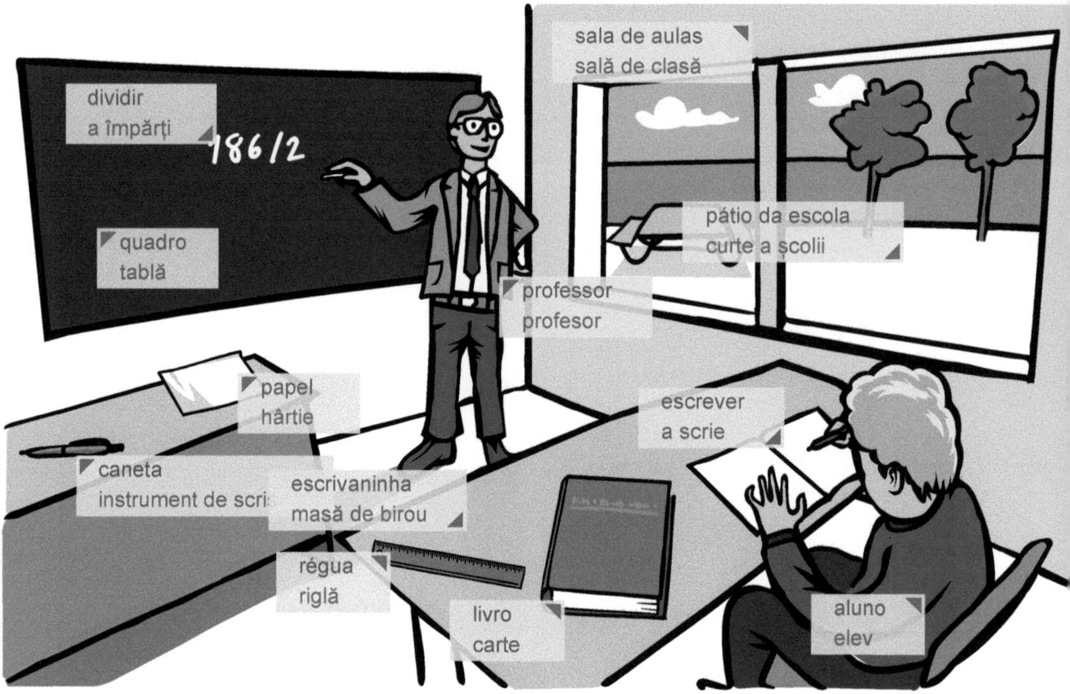

sala de aulas
sală de clasă
dividir
a împărți
186/2
quadro
tablă
pátio da escola
curte a școlii
professor
profesor
papel
hârtie
escrever
a scrie
caneta
instrument de scri
escrivaninha
masă de birou
régua
riglă
livro
carte
aluno
elev

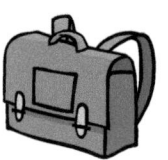

sacola

ghiozdan

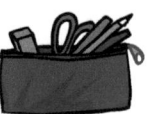

estojo de lápis

penar

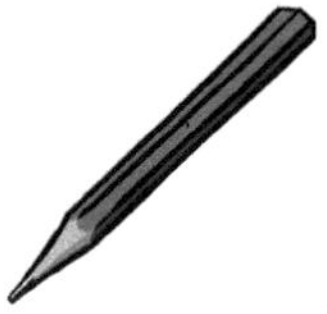

lápis

creion

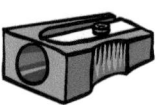

apontador de lápis

ascuțitoare

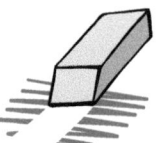

borracha

radieră

bloco de desenho

bloc de desen

desenho
desen

pincel
pensulă

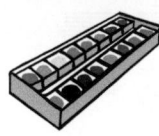

estojo de tintas
cutie de acuarele

tesoura
foarfece

cola
lipici

livro de exercícios
caiet de exerciţii

lição de casa
temă

número
număr

2+2

somar
a aduna

5-2

subtrair
a scădea

multiplicar
a multiplica

calcular
a calcula

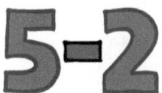

letra
literă

alfabeto
alfabet

palavra
cuvânt

texto

text

ler

a citi

giz

cretă

hora

oră

registro da classe

catalog

exame

examen

certificado

certificat

uniforme escolar

uniformă școlară

educação

educație

enciclopédia

enciclopedie

universidade

universitate

microscópio

microscop

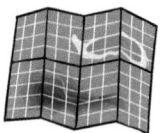

mapa

hartă

cesto de lixo

coș de gunoi

viagem
călătorie

hotel
hotel
Grand
albergue
hostel
ROOMS
casa de câmbio
casă de schimb valutar
mala
valiză
carro
autovehicul

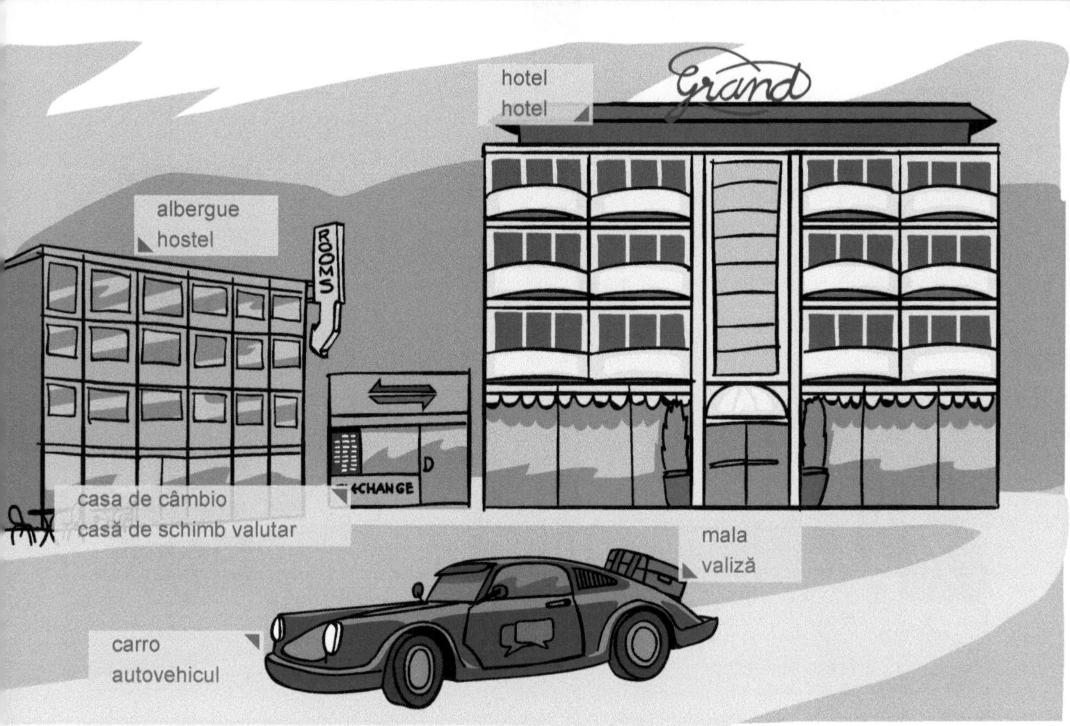

idioma

limbă

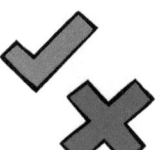

sim / não

da/nu

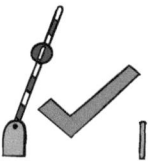

ok

okay

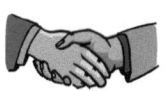

Olá

Bună!

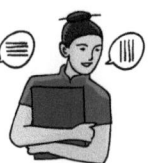

tradutor

interpret

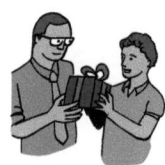

obrigado

mulțumesc

quanto custa...?

Cât costă...?

eu não entendo

Nu înțeleg

problema

problemă

boa noite!

Bună seara!

Bom dia!

Bună dimineața!

Boa noite!

Noapte bună!

até logo

la revedere

direção

direcție

bagagem

bagaj

bolsa

geantă

mochila

rucsac

convidado

oaspete

quarto

cameră

saco de dormir

sac de dormit

barraca

cort

informação turística

punct de informare turistică

praia

plajă

cartão de crédito

carte de credit

café da manhã

mic dejun

almoço

masa de prânz

jantar

cină

bilhete

bilet de călătorie

elevador

lift

selo

timbru poștal

fronteira

graniță

alfândega

vamă

embaixada

ambasadă

visto

viză

passaporte

pașaport

transporte

transport

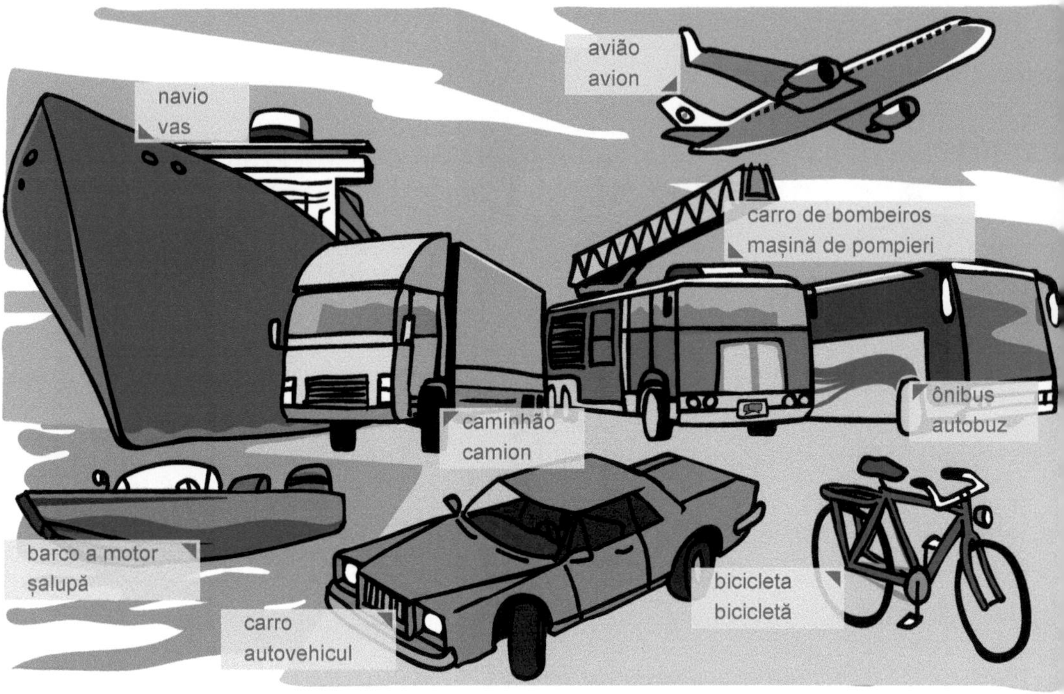

avião
avion
navio
vas
carro de bombeiros
mașină de pompieri
ônibus
autobuz
caminhão
camion
barco a motor
șalupă
bicicleta
bicicletă
carro
autovehicul

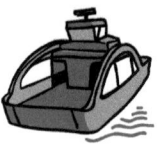

balsa

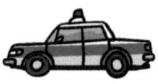

feribot

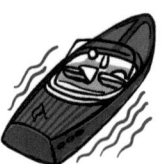

barco

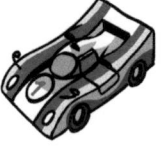

barcă

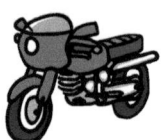

motocicleta

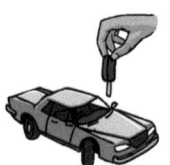

motocicletă

veículo policial

mașină de poliție

carro de corrida

mașină de curse

carro de aluguel

mașină închiriată

compartilhamento de
automóvel
car sharing

caminhão de reboque
maşină de tractat

caminhão de lixo
maşină de gunoi

motor
motor

combustível
combustibil

posto de gasolina
benzinărie

placa de trânsito
semn de circulaţie

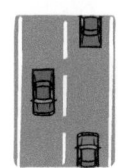

trânsito
trafic

trânsito lento
ambuteiaj

estacionamento
parcare

estação de trem
gară

trilhos
şine

trem
tren

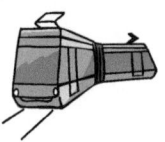

bonde
tramvai

vagão
vagon

helicóptero

elicopter

aeroporto

aeroport

torre

turn

passageiro

pasager

contêiner

container

cartolina

carton

carroça

căruţă

cesto

coș

decolar / pousar

a decola/a ateriza

cidade

oraș

vilarejo

sat

centro da cidade

centru

casa

casă

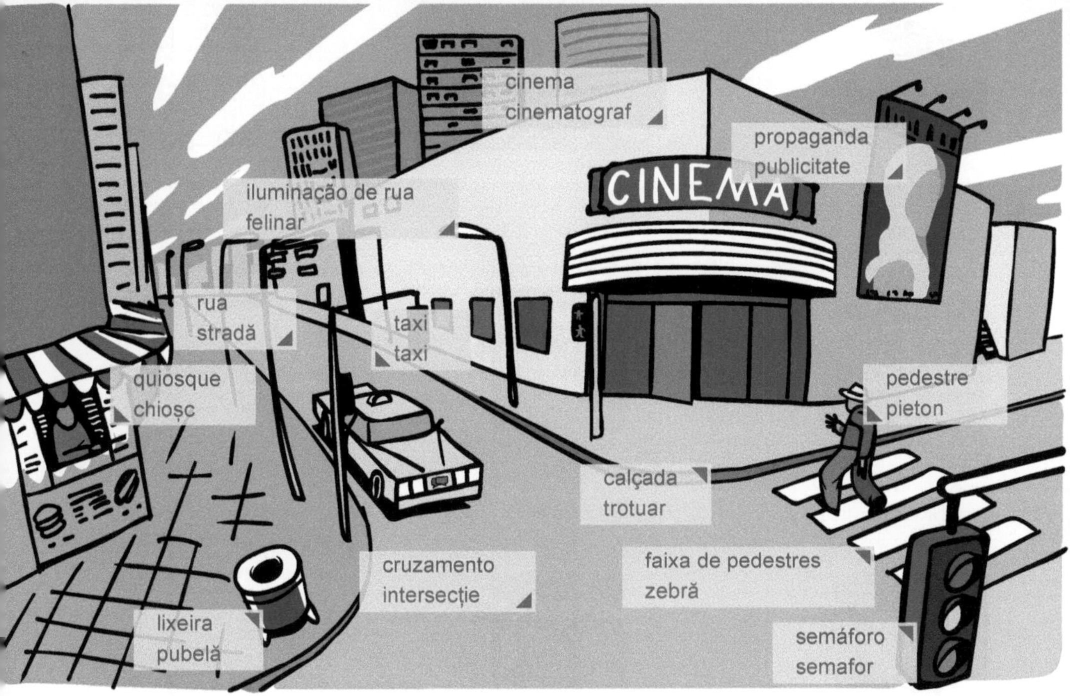

cinema
cinematograf

propaganda
publicitate

iluminação de rua
felinar

rua
stradă

taxi
taxi

quiosque
chiosc

pedestre
pieton

calçada
trotuar

cruzamento
intersecție

faixa de pedestres
zebră

lixeira
pubelă

semáforo
semafor

cabana
....
cabană

apartamento
....
apartament

estação de trem
....
gară

prefeitura
....
primărie

museu
....
muzeu

escola
....
școală

cidade - oraș

universidade

universitate

banco

bancă

hospital

spital

hotel

hotel

farmácia

farmacie

escritório

birou

livraria

librărie

loja

magazin

floricultura

florărie

supermercado

supermarket

mercado

piaţă

loja de departamentos

magazin universal

peixaria

comerciant de peşte

centro comercial

centru comercial

porto

port

parque

parc

banco

bancă

ponte

pod

escadas

trepte

metrô

metrou

túnel

tunel

ponto de ônibus

stație de autobuz

bar

bar

restaurante

restaurant

caixa de correspondência

cutie poștală

placa de rua

tăbliță indicatoare cu
numele străzii

parquímetro

parcometru

zoológico

grădină zoologică

piscina

piscină

mesquita

moschee

fazenda
gospodărie țărănească

poluição
poluare

cemitério
cimitir

igreja
biserică

parquinho
loc de joacă

templo
templu

paisagem
peisaj

folha
frunză

placa de sinalização
indicator

caminho
drum

gramado
pajiște

pedra
piatră

árvore
copac

caminhantes
drumeț

rio
râu

grama
iarbă

flor
floare

vale
vale

montanha
deal

lago
lac

floresta
pădure

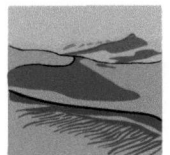

deserto
deșert

vulcão
vulcan

castelo
castel

arco-íris
curcubeu

cogumelo
ciupercă

palmeira
palmier

mosquito
țânțar

mosca
muscă

formiga
furnică

abelha
albină

aranha
păianjen

besouro

gândac

sapo

broască

esquilo

veveriţă

ouriço

arici

lebre

iepure

coruja

bufniţă

pássaro

pasăre

cisne

lebădă

javali

porc mistreţ

veado

cerb

alce

elan

barragem

dig

aerogerador

turbină eoliană

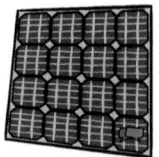

painel solar

panou solar

clima

climă

restaurante
restaurant

garçom
chelnăr
menu
meniu
cadeira
scaun
sopa
supă
pizza
pizza
toalha de mesa
faţă de masă
talheres
tacâmuri

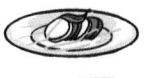

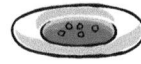

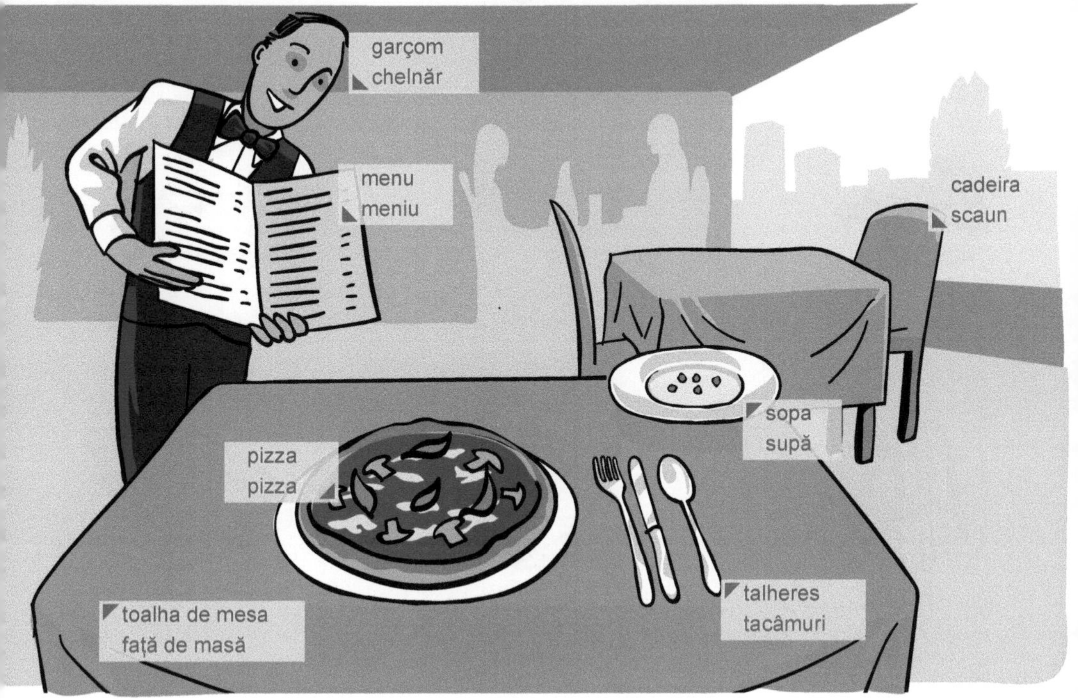

entrada

antreu

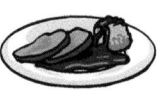

prato principal

fel principal

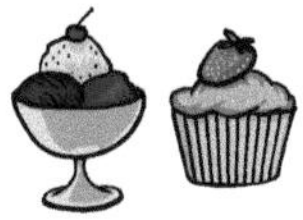

sobremesa

desert

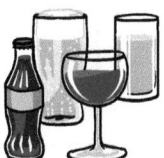

bebidas

băuturi

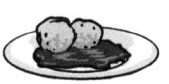

comida

mâncare

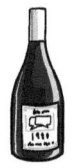

garrafa

sticlă

fastfood

fastfood

comida de rua

streetfood

bule de chá

ceainic

açucareiro

zaharniță

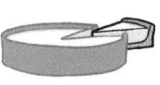

porção

porție

máquina de expresso

espressor

cadeirão

scaun înalt (pentru copii)

conta

factură

bandeja

tavă

faca

cuțit

garfo

furculiță

colher

lingură

colher de chá

linguriță

guardanapo

șervețel

copo

pahar

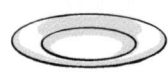

prato
farfurie

prato de sopa
farfurie de supă

pires
farfurie

molho
sos

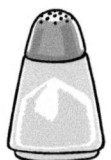

saleiro
solniță

moedor de pimenta
râșniță de piper

vinagre
oțet

óleo
ulei

especiarias
condimente

ketchup
ketchup

mostarda
muștar

maionese
maioneză

supermercado
supermarket

oferta especial
ofertă
FOR
cliente
client
laticínios
produse lactate
frutas
fructe
carrinho de compras
cărucior de cumpărături

BUTCHERS

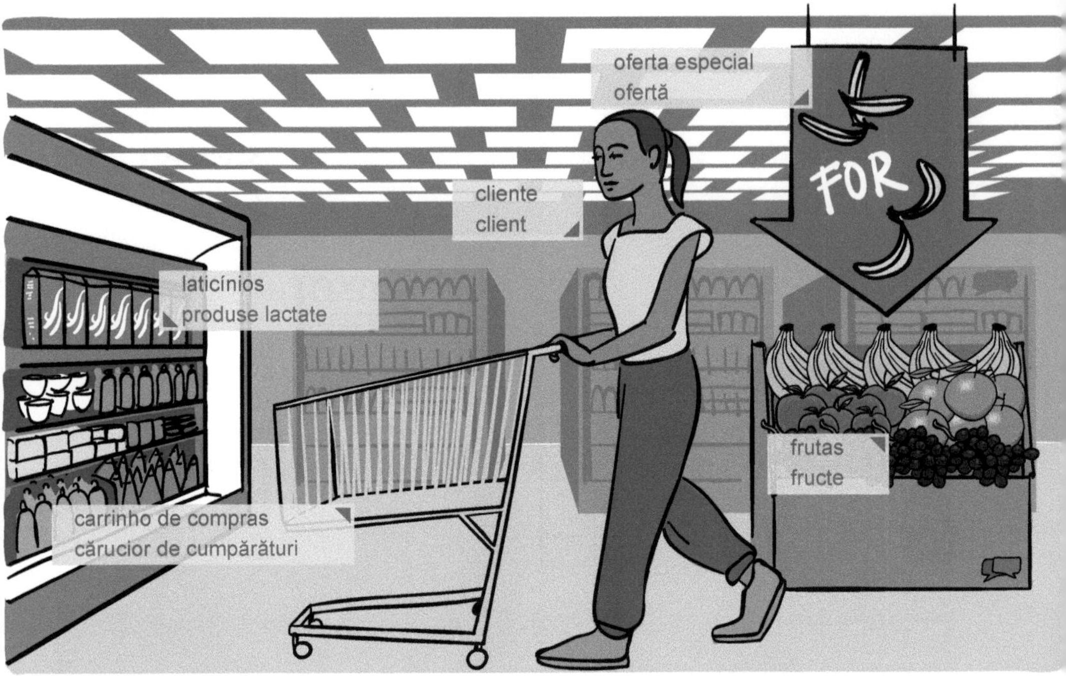

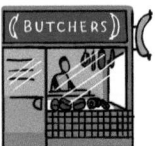

açougue

măcelărie

BAKERY

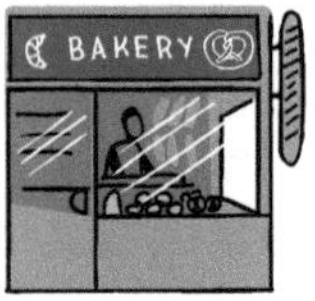

padaria

brutărie

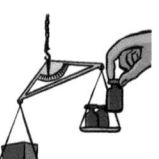

pesar

a cântări

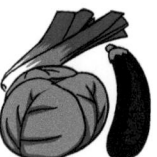

legumes

legume

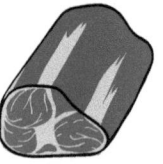

carne

carne

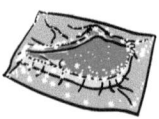

congelados

alimente refrigerate

charcutaria

mezeluri și brânzeturi feliate

conservas

conserve

detergente em pó

detergent

doces

dulciuri

artigos domésticos

articole de menaj

produtos de limpeza

produse de curățenie

vendedora

vânzătoare

caixa

casă

caixa

casier

lista de compras

listă de cumpărături

horário de funcionamento

orar

carteira

portmoneu

cartão de crédito

carte de credit

sacola

geantă

saco plástico

pungă de plastic

água

apă

suco

suc

leite

lapte

coca-cola

cola

vinho

vin

cerveja

bere

álcool

alcool

cacau

cacao

chá

ceai

café

cafea

expresso

espresso

cappuccino

cappucino

banana
banane

maçã
măr

laranja
portocală

melão
pepene

limão
lămâie

cenoura
morcov

alho
usturoi

bambu
bambus

cebola
ceapă

cogumelo
ciupercă

nozes
nuci

macarrão
paste făinoase

espaguete
....
spagheti

arroz
....
orez

salada
....
salată

batatas fritas
....
cartofi prăjiți

batatas frias
....
cartofi țărănești

pizza
....
pizza

hambúrger
....
hamburger

sanduíche
....
sandwich

escalope
....
șnițel

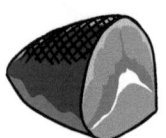

presunto
....
șuncă

salame
....
salam

salsicha
....
cârnați

galinha
....
pui

assado
....
friptură

peixe
....
pește

flocos de aveia

fulgi de ovăz

granola

musli

flocos de milho

cereale

farinha

făină

croissant

corn

pãozinho

chifle

pão

pâine

torrada

pâine prăjită

biscoitos

biscuiți

manteiga

unt

requeijão

brânză de vaci

bolo

prăjitură

ovo

ou

ovo frito

ouă ochiuri

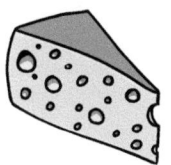

queijo

brânză

sorvete

înghețată

açúcar

zahăr

mel

miere

geleia

marmeladă

creme de avelãs

cremă nuga

curry

curry

fazenda

gospodărie țărănească

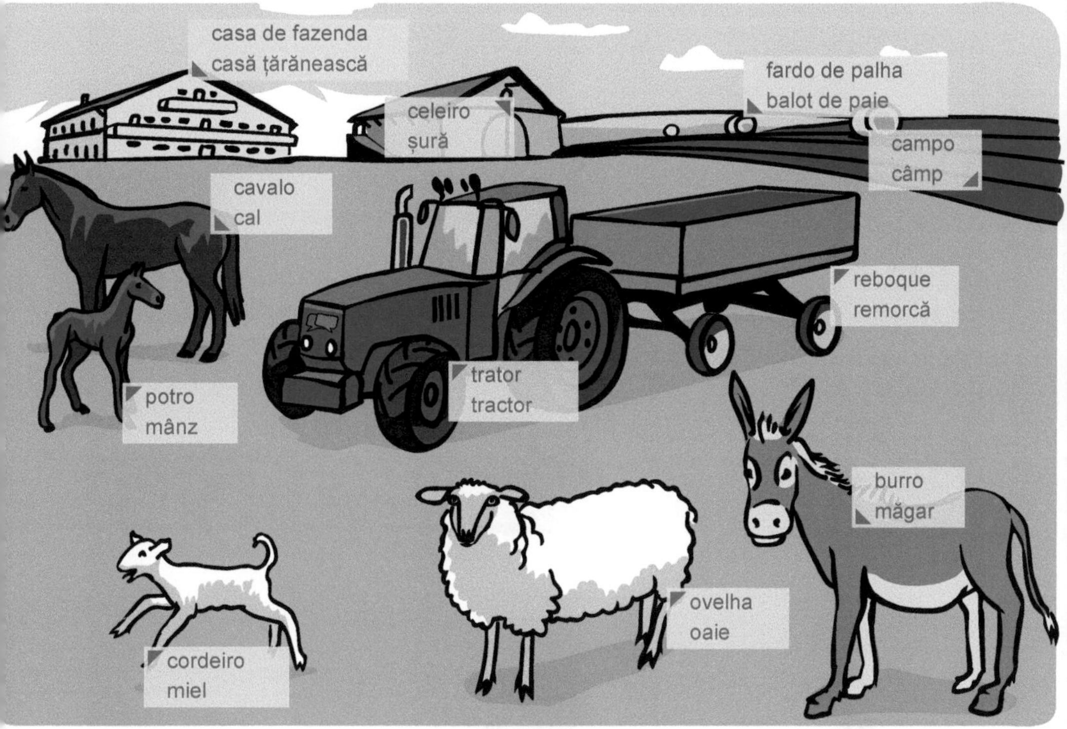
casa de fazenda
casă țărănească
celeiro
șură
fardo de palha
balot de paie
campo
câmp
cavalo
cal
reboque
remorcă
potro
mânz
trator
tractor
burro
măgar
ovelha
oaie
cordeiro
miel

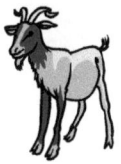

cabra

capră

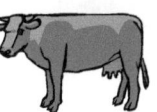

vaca

vacă

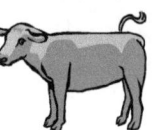

bezerro

vițel

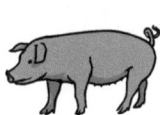

porco

porc

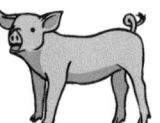

leitão

purcel

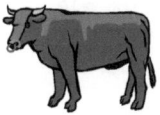

touro

taur

ganso
găină

pato
rață

pintinho
pui

galinha
găină

galo
cocoș

ratazana
șobolan

gato
pisică

camundongo
șoarece

boi
bou

cachorro
câine

casinha do cachorro
cușcă

mangueira de jardim
furtun de grădină

regador
stropitoare

foice
coasă

arado
plug

foice

secerǎ

enxada

sapǎ

forquilha

furcǎ

machado

secure

carrinho de mão

roabǎ

manjedoura

troacǎ

jarra de leite

canǎ pentru lapte

saco

sac

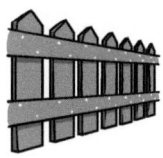

cerca

gard

estábulo

grajd

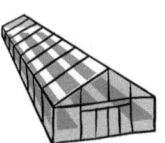

estufa

serǎ

solo

sol

semente

sǎmânțǎ

fertilizante

fertilizator

colheitadeira

combinǎ de treierat

colher
....
a culege

colheita
....
recoltă

inhame
....
cartof yam

trigo
....
grâu

soja
....
soia

batata
....
cartof

milho
....
porumb

colza
....
rapiță

árvore frutífera
....
pom fructifer

mandioca
....
manioc

cereais
....
cereale

fazenda - gospodărie țărănească

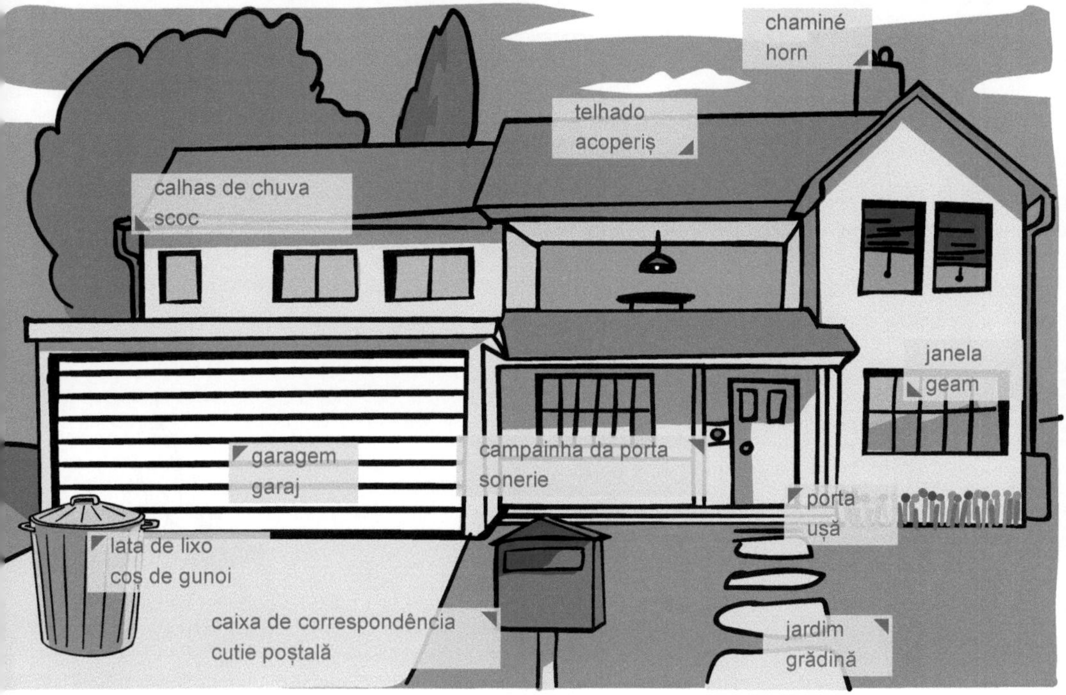

chaminé
horn

telhado
acoperiș

calhas de chuva
scoc

janela
geam

garagem
garaj

campainha da porta
sonerie

porta
ușă

lata de lixo
coș de gunoi

caixa de correspondência
cutie poștală

jardim
grădină

sala de estar
cameră de zi

banheiro
baie

cozinha
bucătărie

quarto de dormir
dormitor

quarto de criança
camera copiilor

sala de jantar
sufragerie

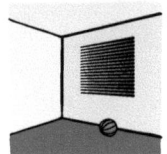

chão
podea

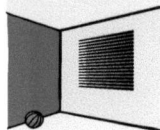

parede
perete

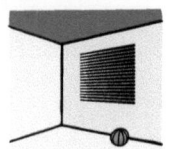

teto
tavan

porão
pivniţă

sauna
saună

varanda
balcon

terraço
terasă

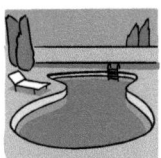

piscina
piscină

cortador de grama
maşină de tuns iarba

lençol
cearşaf

coberta
cuvertură

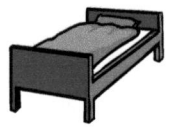

cama
pat

vassoura
mătură

balde
găleată

interruptor
întrerupător

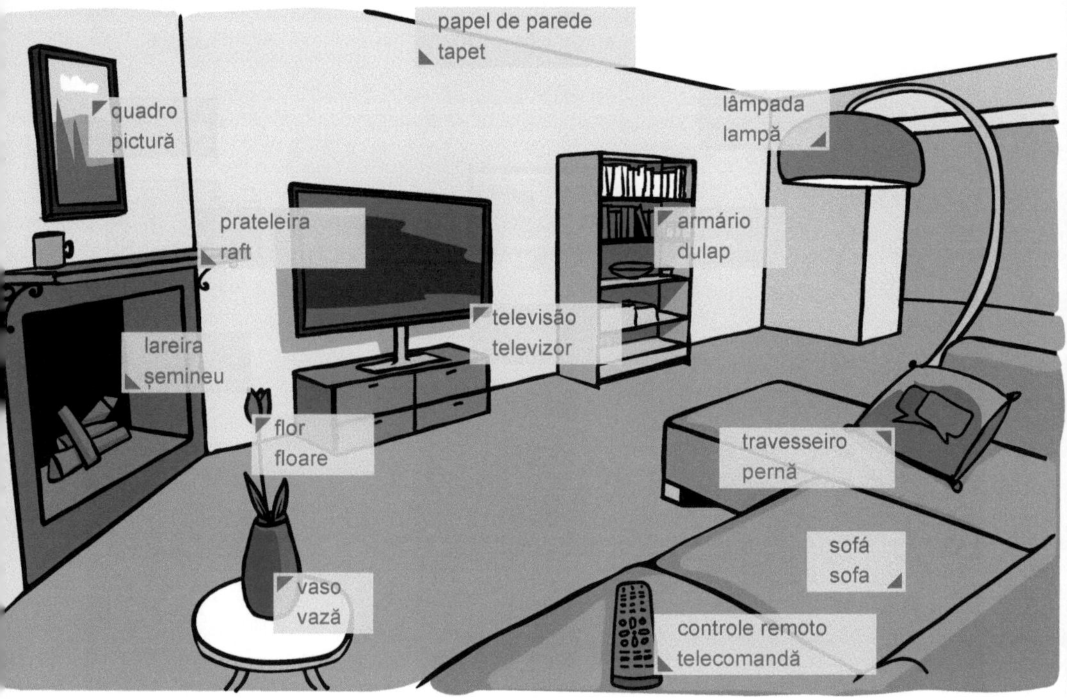

papel de parede
tapet

quadro
pictură

lâmpada
lampă

prateleira
raft

armário
dulap

lareira
şemineu

televisão
televizor

flor
floare

travesseiro
pernă

vaso
vază

sofá
sofa

controle remoto
telecomandă

tapete
covor

cortina
perdea

mesa
masă

cadeira
scaun

cadeira de balanço
balansoar

poltrona
fotoliu

livro

carte

cobertor

pătură

decoração

decoraţiune

lenha

lemn de foc

filme

film

equipamento de som

instalaţie stereo

chave

cheie

jornal

ziar

pintura

desen

pôster

poster

rádio

radio

bloco de notas

caiet de notiţe

aspirador

aspirator

cacto

cactus

vela

lumânare

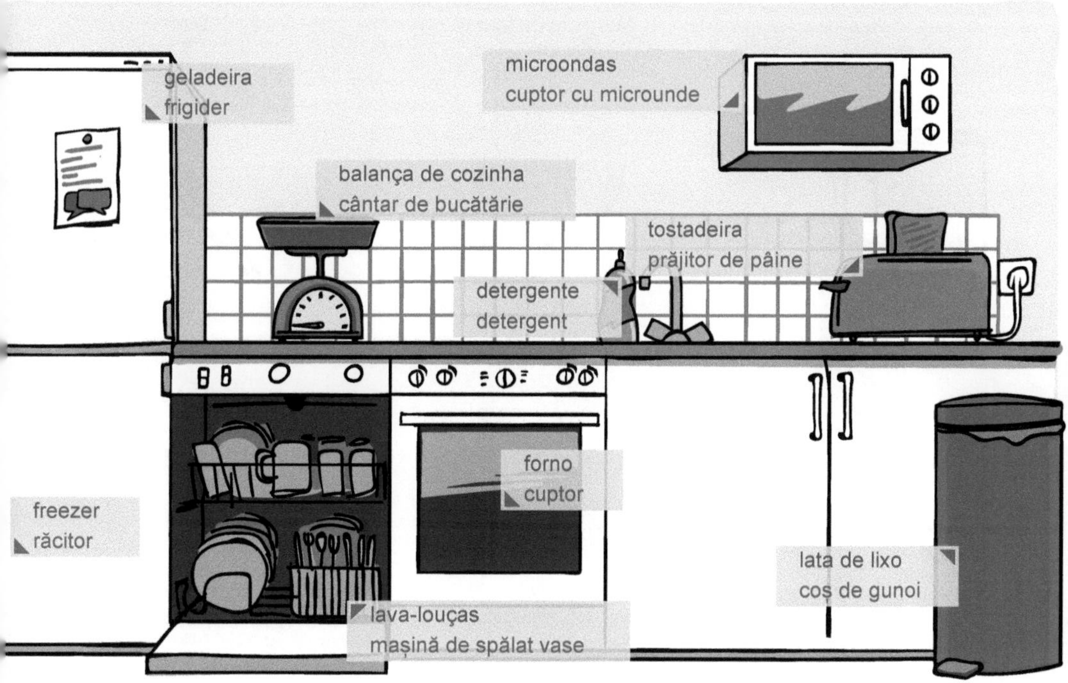

geladeira
frigìder

microondas
cuptor cu microunde

balança de cozinha
cântar de bucătărie

tostadeira
prăjitor de pâine

detergente
detergent

forno
cuptor

freezer
răcitor

lata de lixo
coș de gunoi

lava-louças
mașină de spălat vase

fogão
cuptor

panela
oală

panela de ferro
oală de metal

wok / kadai
wok/kadai

frigideira
tigaie

chaleira
ceainic

panela a vapor

oală de gătit cu aburi

tabuleiro de forno

tavă de copt

louça

veselă

caneca

pahar

caçarola

bol

hashi

bețișoare

concha de sopa

polonic

espátula

spatulă

batedor

tel

escorredor

sită

peneira

sită

ralador

răzătoare

almofariz

mojar

churrasqueira

grătar

lareira

loc pentru grătar

tábua de cortar
....
tocător

rolo da massa
....
sucitor

saca-rolhas
....
tirbușon

lata
....
conservă

abridor de latas
....
deschizător de conserve

pegador de panela
....
șervete termice

pia
....
chiuvetă

escova
....
perie

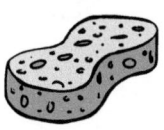

esponja
....
burete

liquidificador
....
mixer

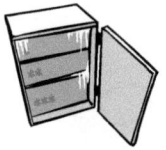

congelador
....
ladă frigorifică

mamadeira
....
biberon

torneira
....
robinet

banheiro

baie

ducha
duș
aquecimento
încălzire
toalha
prosop
cortina de chuveiro
perdea de duș
banho de espuma
baie cu spumă
banheira
cadă
copo
pahar
lava-roupa
mașină de spălat
torneira
robinet
azulejos
gresie
penico
oală de noapte
pia
chiuvetă

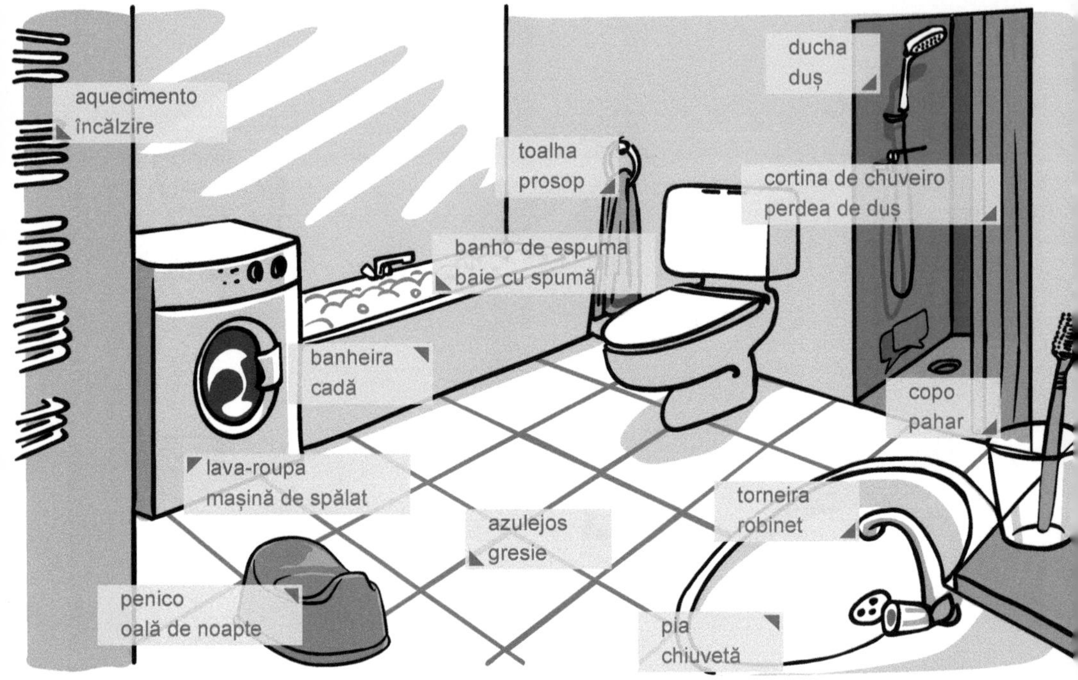

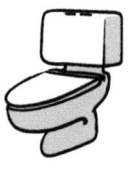

vaso sanitário

toaletă

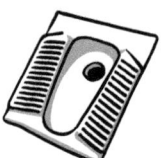

lavabo de agachar

toaletă turcescă

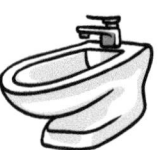

bidê

bideu

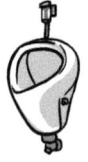

mictório

pisoir

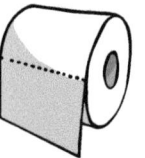

papel higiênico

hârtie igienică

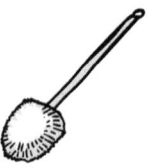

escova de privada

perie de toaletă

escova de dentes

periuță de dinți

pasta de dentes

pastă de dinți

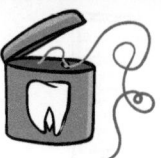

fio dental

ață dentară

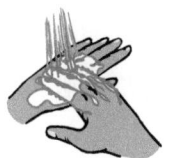

lavar

a spăla

ducha de mão

cap de duș

ducha íntima

duș intim

bacia

lavoar

escova para as costas

perie pentru spate

sabonete

săpun

gel de banho

gel de duș

xampu

șampon

toalha de rosto

cârpă de spălat

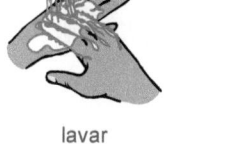

escoamento

scurgere

creme

cremă

desodorante

deodorant

espelho

oglindă

espelho de mão

oglindă cosmetică

barbeador

aparat de ras

espuma de barbear

spumă de ras

loção pós-barba

aftershave

pente

pieptene

escova

perie

secador de cabelo

uscător de păr

spray de cabelo

fixator

maquiagem

machiaj

batom

ruj

esmalte de unhas

lac de unghii

algodão

vată

tesoura para unhas

foarfece de unghii

perfume

parfum

nécessaire

neseser

banquinho

taburet

balança

cântar

roupão de banho

halat de baie

luvas de borracha

mănuși de cauciuc

absorvente interno

tampon

absorvente íntimo

tampon

banheiro químico

toaletă chimică

quarto de criança
camera copiilor

despertador
ceas deșteptător
boneco de pelúcia
jucărie de pluș
carrinho de brinquedo
mașină de jucărie
chacoalho
morișcă
casa de bonecas
casă de păpuși
presente
cadou

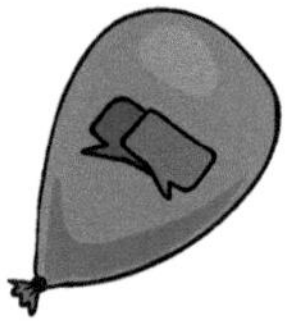

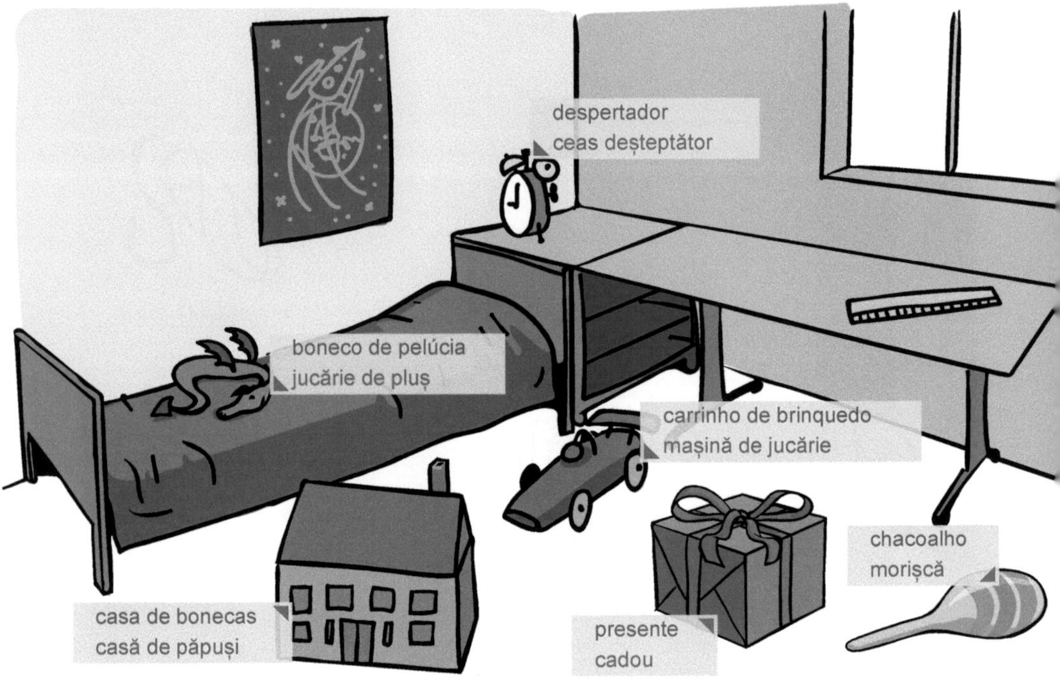

balão

balon

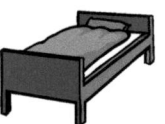

cama

pat

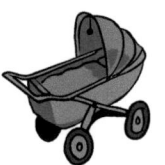

carrinho de bebê

cărucior de copii

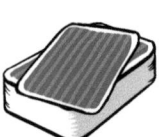

jogo de cartas

joc de cărți

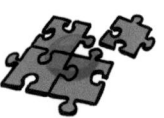

quebra-cabeças

puzzle

SUPER
MEGA

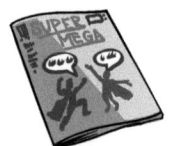

revista de quadrinhos

revistă de benzi desenate

peças de Lego

cuburi lego

blocos de construção

piese pentru construcţii

figura de ação

personaj din filmele de acţiune

macaquinho de bebê

body

frisbee

frisbee

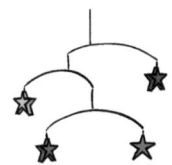

móbile para bebé

mobil

jogo de tabuleiro

joc de societate

dados

zar

trenzinho elétrico

set trenuleţ de jucărie

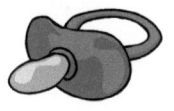

chupeta

suzetă

festa

petrecere

livro ilustrado

carte cu poze

bola

minge

boneca

păpuşă

brincar

a se juca

caixa de areia

groapă de nisip

balanço

leagăn

brinquedos

jucării

videogame

consolă video

triciclo

tricicletă

ursinho de pelúcia

ursuleț

guarda-roupa

dulap

vestuário

îmbrăcăminte

meias

șosete

meias pelo joelho

ciorapi

meias-calças

dres

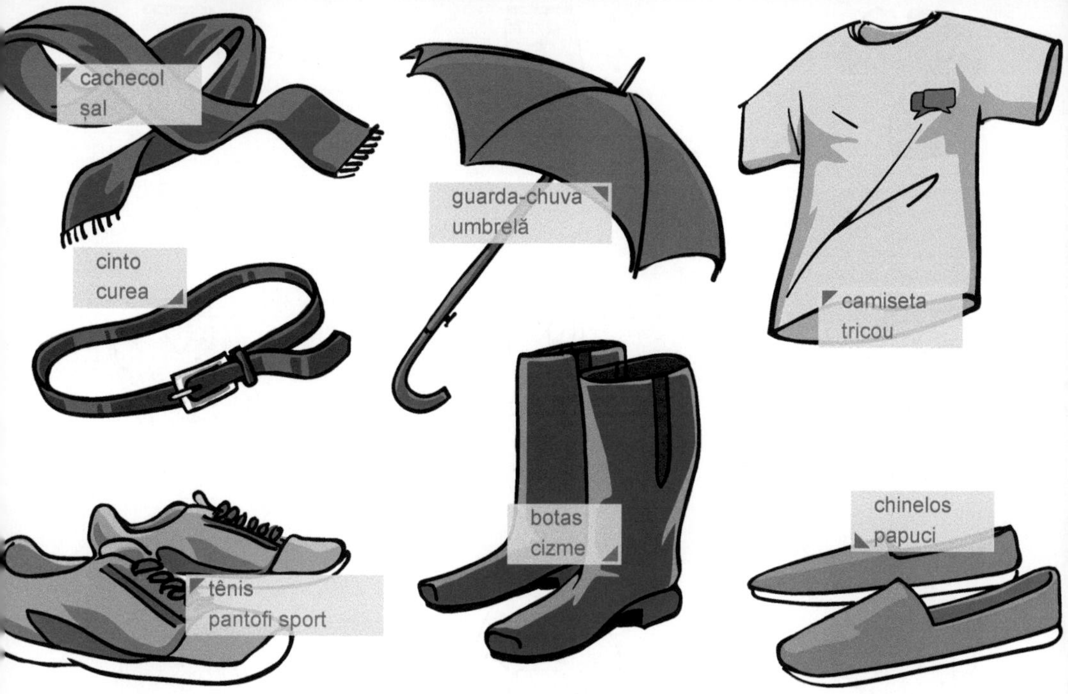

cachecol
sal

guarda-chuva
umbrelă

camiseta
tricou

cinto
curea

botas
cizme

chinelos
papuci

tênis
pantofi sport

sandálias
sandale

sapatos
încălțăminte

botas de borracha
cizme de cauciuc

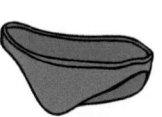

roupa de baixo
chilot

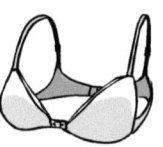

sutiã
sutien

camiseta de baixo
maiou

body
body

calças
pantaloni

jeans
blugi

saia
fustă

blusa
bluză

camisa
cămașă

pulôver
pulover

suéter com capuz
jerseu

blazer
sacou

jaqueta
jachetă

casaco
palton

gabardine
pelerină de ploaie

traje
costum

vestido
rochie

vestido de casamento
rochie de mireasă

terno
costum

camisola
cămașă de noapte

pijama
pijama

sari
sari

lenço de cabeça
batic

turbante
turban

burca
burka

cafetã
caftan

abaya
abaya

maiô
costum de baie

sunga
șort

shorts
pantaloni scurți

roupa de treino
trening

avental
șorț

luvas
mănuși

botão
....
nasture

óculos
....
ochelari

pulseira
....
brățară

colar
....
lanț

anel
....
inel

brinco
....
cercel

boné
....
căciulă

cabide
....
umeraș

chapéu
....
pălărie

gravata
....
cravată

zíper
....
fermoar

capacete
....
cască

suspensórios
....
bretele

uniforme escolar
....
uniformă școlară

uniforme
....
uniformă

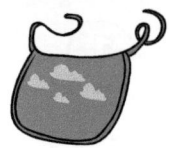

babador

bavețică

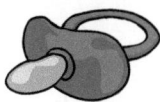

chupeta

suzetă

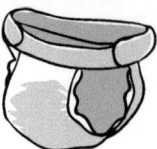

fralda

scutec

escritório

birou

servidor
server
armário de arquivos
dulap de acte
impressora
imprimantă
papel
hârtie
monitor
monitor
escrivaninha
masă de birou
mouse
mouse
pasta
fișier
teclado
tastatură
cesto de lixo
coș de gunoi
computador
computer
cadeira
scaun

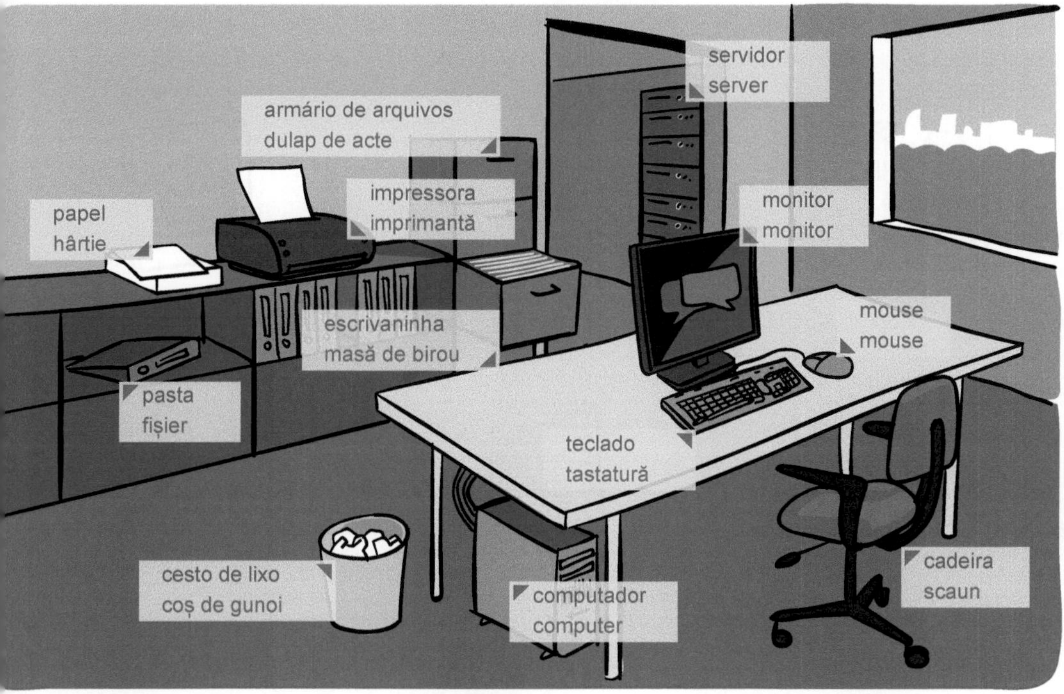

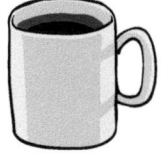

xícara de café

ceașcă de cafea

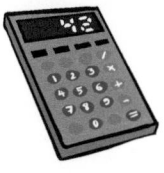

calculadora

calculator

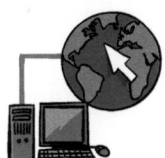

internet

internet

laptop

laptop

carta

scrisoare

mensagem

mesaj

celular

telefon mobil

rede

rețea

copiadora

copiator

software

software

telefone

telefon

tomada

priză

fax

fax

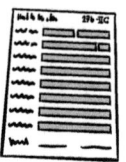

formulário

formular

documento

document

comprar
....
a cumpăra

pagar
....
a plăti

negociar
....
a face comerț

dinheiro
....
bani

Dólar
....
Dolar

Euro
....
Euro

Yen
....
Yen

rublo
....
Rublă

franco suíço
....
Franc Elvețian

renminbi yuan
....
renminbi yuan

rupia
....
Rupie

caixa eletrônico
....
bancomat

casa de câmbio

casă de schimb valutar

ouro

aur

prata

argint

petróleo

petrol

energia

energie

preço

preț

contrato

contract

imposto

impozit

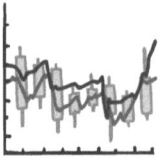

ação

acțiune

trabalhar

a munci

empregado

angajat

empregador

angajator

fábrica

fabrică

loja

magazin

policial
poliţist

bombeiro
pompier

cozinheiro
bucătar

médico
medic

piloto
pilot

jardineiro

grădinar

marceneiro

tâmplar

costureira

cusătoreasă

juiz

judecător

químico

chimist

ator

actor

motorista de ônibus

șofer de autobuz

motorista de táxi

șofer de taxi

pescador

pescar

faxineira

femeie de serviciu

telhador

tinichigiu

garçom

chelnăr

caçador

vânător

pintor

pictor

padeiro

brutar

eletricista

electrician

construtor

muncitor în construcții

engenheiro

inginer

açougueiro

măcelar

encanador

instalator

carteiro

poștaș

soldado

soldat

arquiteto

arhitect

caixa

casier

florista

florar

cabelereiro

frizer

condutor

controlor

mecânico

mecanic

capitão

căpitan

dentista

stomatolog

cientista

om de ştiinţă

rabino

rabin

imam

imam

monge

călugăr

pastor

preot

ferramentas
instrumente

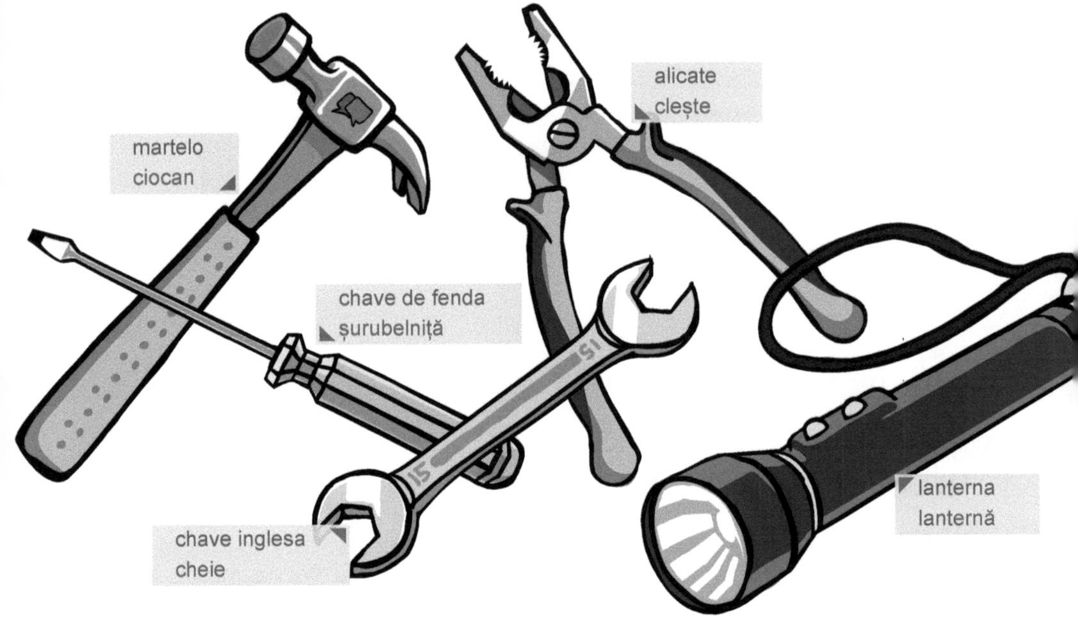

martelo
ciocan
alicate
clește
chave de fenda
șurubelniță
chave inglesa
cheie
lanterna
lanternă

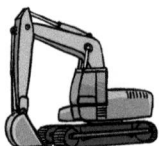

escavadora

excavator

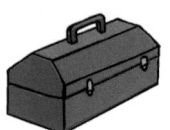

caixa de ferramentas

cutie de scule

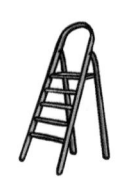

escada de mão

scară

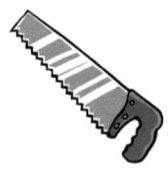

serra

ferăstrău

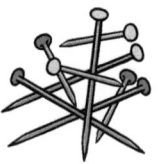

pregos

cuie

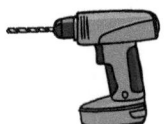

furadeira

burghiu

consertar

a repara

pá

lopată

Droga!

La naiba!

pá de lixo

făraș

pote de tinta

vas pentru vopsea

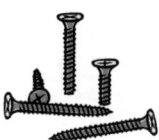

parafusos

șuruburi

instrumentos musicais
instrumente muzicale

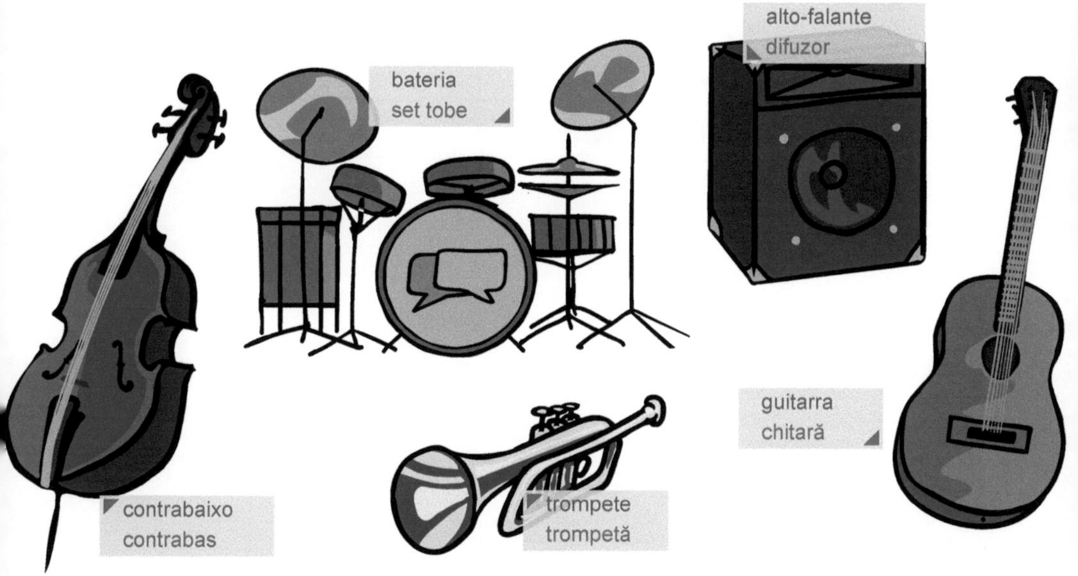

bateria
set tobe

alto-falante
difuzor

guitarra
chitară

contrabaixo
contrabas

trompete
trompetă

piano

pian

violino

vioară

baixo

bas

timbales

trombon

tambor

tobă

teclado

keyboard

saxofone

saxofon

flauta

fluier

microfone

microfon

instrumentos musicais - instrumente muzicale

zoológico
grădină zoologică

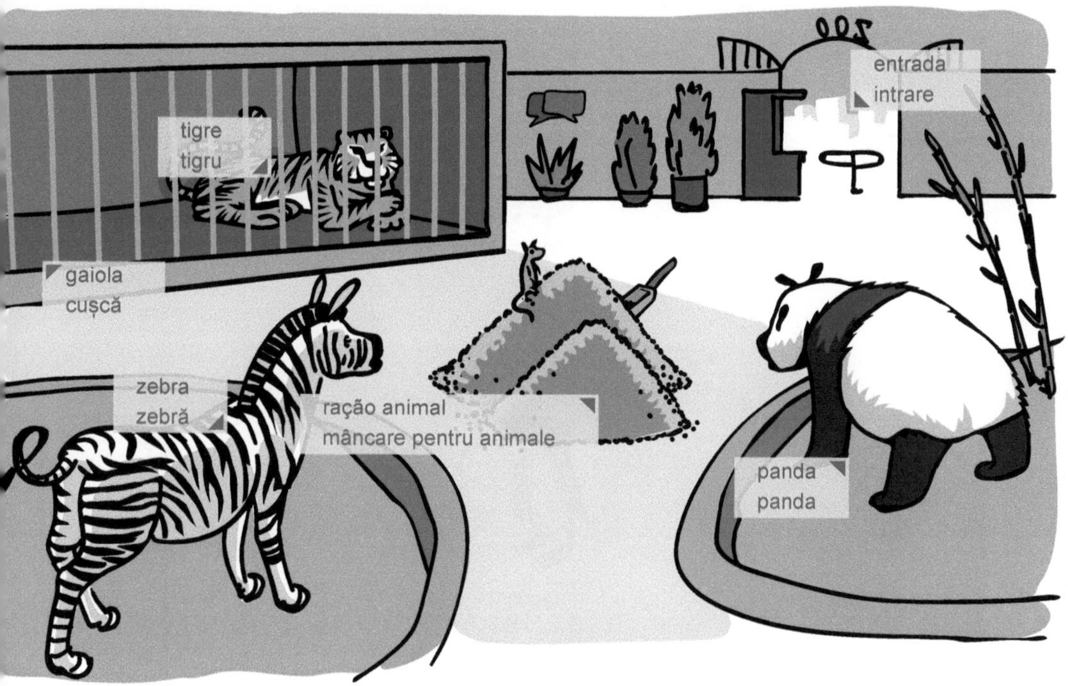
entrada
intrare
tigre
tigru
gaiola
cușcă
zebra
zebră
ração animal
mâncare pentru animale
panda
panda

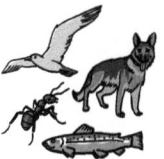

animais
animale

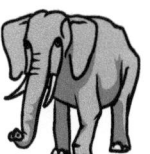

elefante
elefant

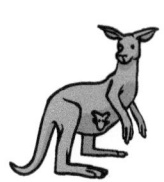

canguru
cangur

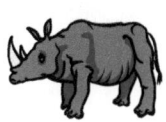

rinoceronte
rinocer

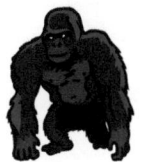

gorila
gorilă

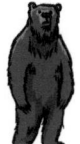

urso
urs

camelo

cămilă

avestruz

struț

leão

leu

macaco

maimuță

flamingo

flamingo

papagaio

papagal

urso polar

urs polar

pinguim

pinguin

tubarão

rechin

pavão

păun

cobra

șarpe

crocodilo

crocodil

guarda do zoológico

îngrijitor grădina zoologică

foca

focă

jaguar

jaguar

zoológico - grădină zoologică

pônei

ponei

leopardo

leopard

hipopótamo

hipopotam

girafa

girafă

águia

acvilă

javali

porc mistreț

peixe

pește

tartaruga

broască țestoasă

morsa

morsă

raposa

vulpe

gazela

gazelă

zoológico - grădină zoologică

sport

futebol americano
fotbal american

ciclismo
ciclism

tênis
tenis

basquete
basketball

natação
înot

boxe
box

hóquei no gelo
hockey pe gheață

futebol
fotbal

badminton
badminton

atletismo
atletism

handebol
handbal

esqui
schi

polo
polo

atividades
activități

rir
a râde
pular
a sări
abraçar
a îmbrățișa
andar
a merge
cantar
a cânta
sonhar
a visa
rezar
a se ruga
beijar
a săruta

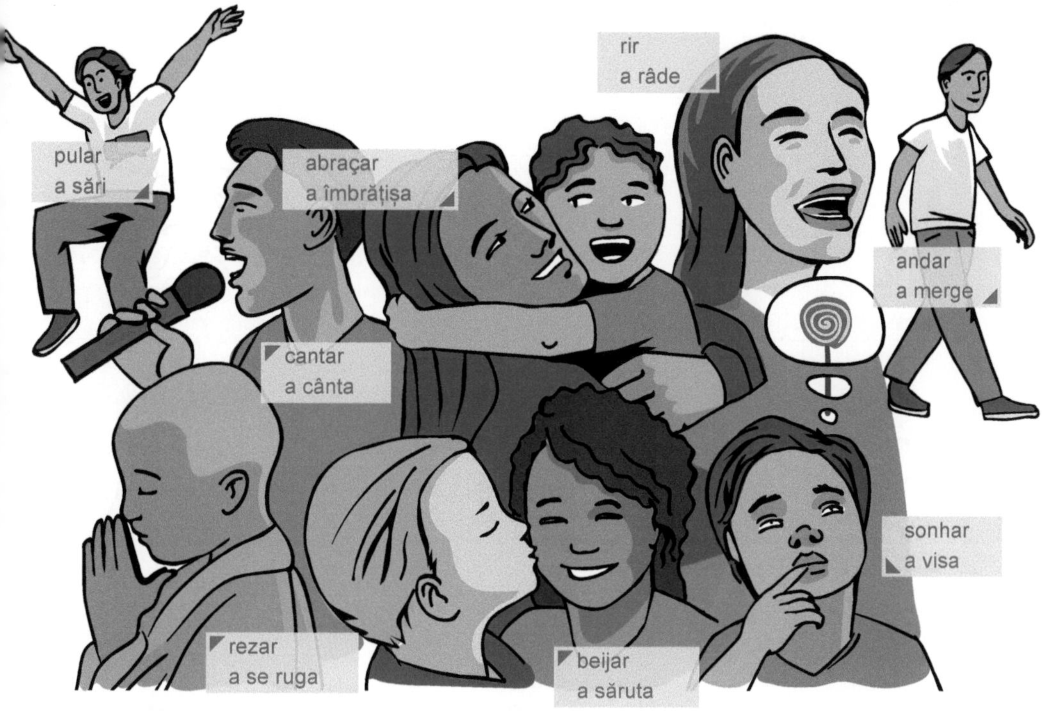

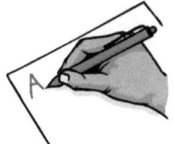

escrever

a scrie

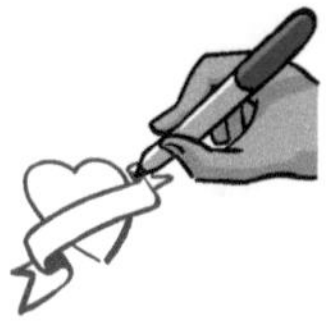

desenhar

a desena

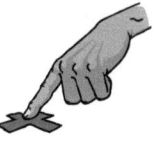

mostrar

a arăta

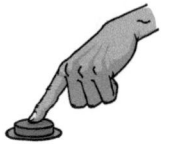

empurrar

a împinge

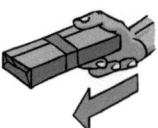

dar

a da

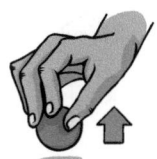

tomar

a lua

ter
....
a avea

fazer
....
a face

ser
....
a fi

ficar de pé
....
a sta în picioare

correr
....
a fugi

puxar
....
a trage

jogar
....
a arunca

cair
....
a cădea

deitar
....
a sta întins

esperar
....
a aștepta

carregar
....
a purta

sentar
....
a ședea

vestir
....
a se îmbrăca

dormir
....
a dormi

despertar
....
a se trezi

olhar para
a privi

chorar
a plânge

acariciar
a mângâia

pentear
a se pieptăna

falar
a vorbi

entender
a înțelege

perguntar
a întreba

ouvir
a asculta

beber
a bea

comer
a mânca

arrumar
a face ordine

amar
a iubi

cozinhar
a găti

dirigir
a conduce

voar
a zbura

velejar

a naviga

calcular

a calcula

ler

a citi

aprender

a învăța

trabalhar

a munci

casar

a se căsători

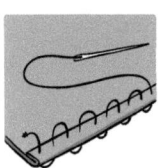

costurar

a coase

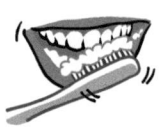

escovar os dentes

a se spăla pe dinți

matar

a ucide

fumar

a fuma

enviar

a trimite

família
familie

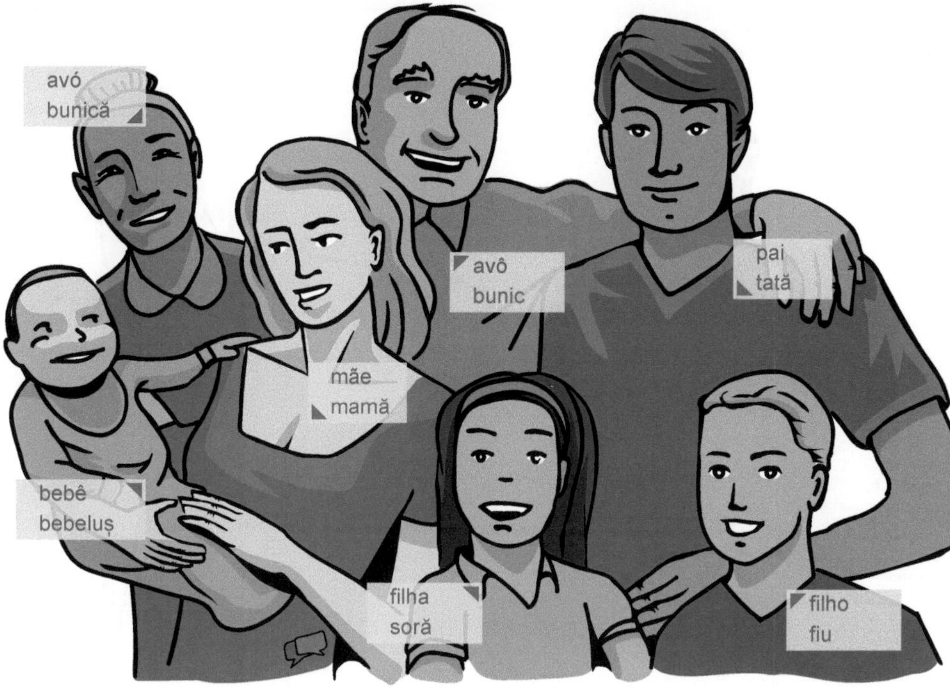
avó
bunică
avô
bunic
pai
tată
mãe
mamă
bebê
bebeluș
filha
soră
filho
fiu

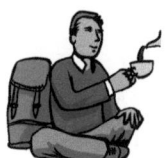

convidado

oaspete

tia

mătușă

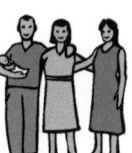

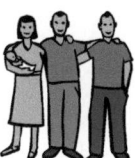

tio

unchi

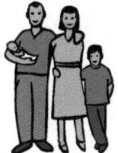

irmão

frate

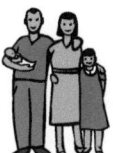

irmã

soră

corpo

corp

testa
frunte
olho
ochi
ombro
umăr
dedo
deget
rosto
față
queixo
bărbie
mão
mână
perna
picior
peito
piept
braço
braț

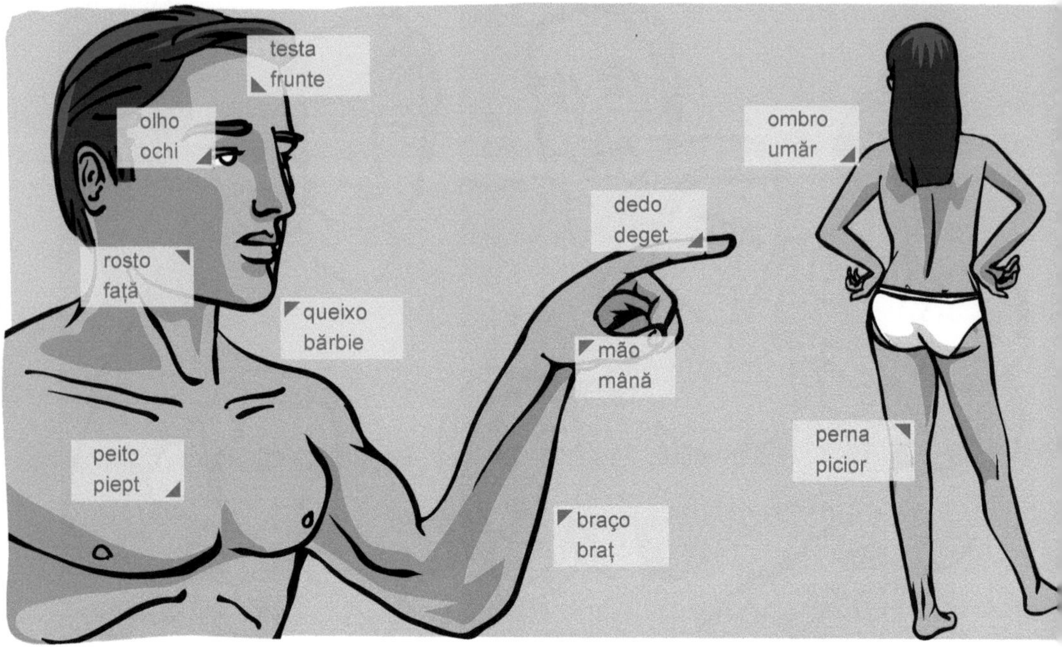

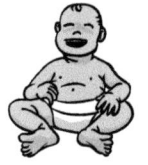

bebê

bebeluș

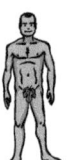

homem

bărbat

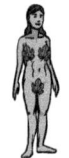

mulher

femeie

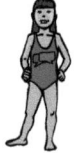

menina

fată

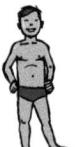

menino

băiat

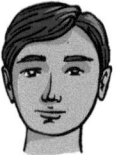

cabeça

cap

costas

spate

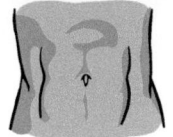

barriga

abdomen

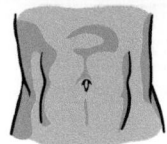

umbigo

ombilic

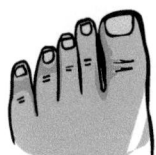

dedo do pé

deget de la picior

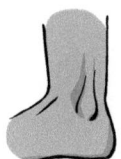

calcanhar

călcâi

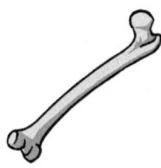

osso

os

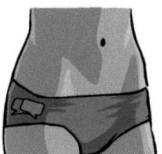

anca

șold

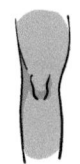

joelho

genunchi

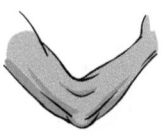

cotovelo

cot

nariz

nas

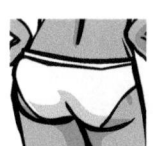

nádegas

fund

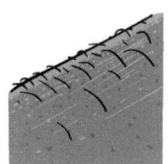

pele

piele

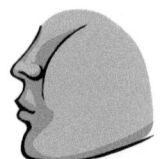

bochecha

obraz

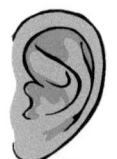

orelha

ureche

lábio

buză

corpo - corp

boca

gură

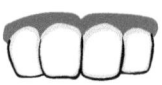

dente

dinte

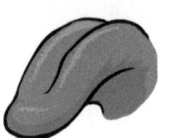

língua

limbă

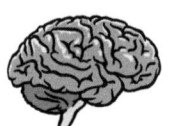

cérebro

creier

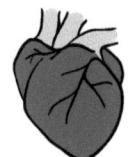

coração

inimă

músculo

muşchi

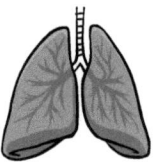

pulmão

plămân

fígado

ficat

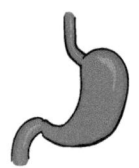

estômago

stomac

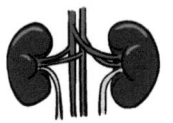

rins

rinichi

relações sexuais

sex

preservativo

prezervativ

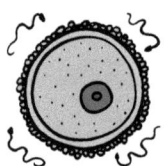

óvulo

ovul

esperma

spermă

gravidez

sarcină

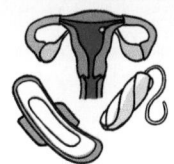

menstruação

menstruație

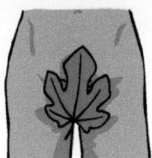

vagina

vagin

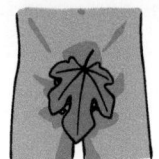

pênis

penis

sobrancelha

sprânceană

cabelo

păr

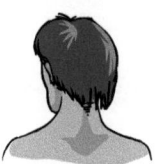

pescoço

gât

hospital

spital

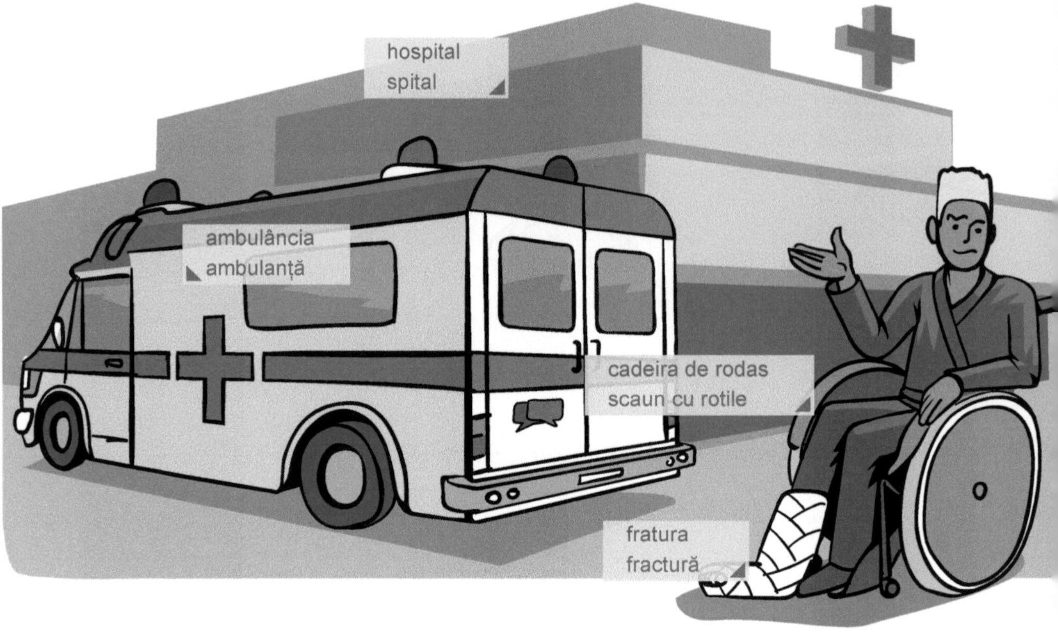

hospital
spital
ambulância
ambulanță
cadeira de rodas
scaun cu rotile
fratura
fractură

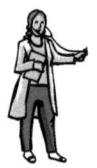

médico

medic

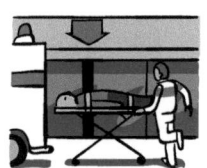

pronto-socorro

unitate de primiri urgențe

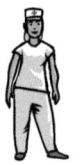

enfermeira

soră medicală

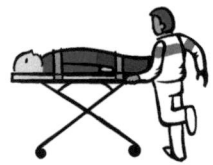

emergência

urgență

inconsciente

inconștient

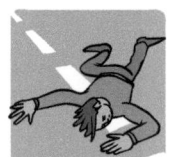

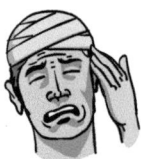

dor

durere

ferimento

leziune

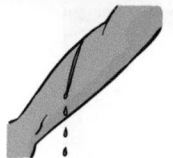

hemorragia

sângerare

ataque cardíaco

infarct miocardic

acidente vascular cerebral

atac cerebral

alergia

alergie

tosse

tuse

febre

febră

gripe

gripă

diarreia

diaree

dor de cabeça

durere de cap

câncer

cancer

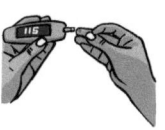

diabetes

diabet

cirurgião

chirurg

bisturi

scalpel

operação

operație

CT
CT

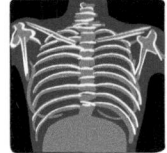

raio x
raze Röntgen

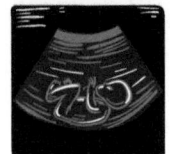

ultrassom
ultrasunet

máscara
mască

doença
boală

sala de espera
sală de așteptare

muleta
cârjă

bandeide
plasture

ligadura
bandaj

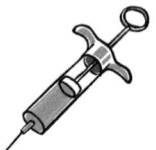

injeção
injecție

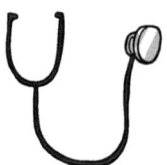

estetoscópio
stetoscop

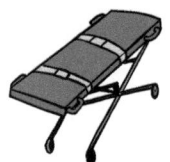

maca
targă

termômetro
termometru

nascimento
naștere

excesso de peso
supraponderabilitate

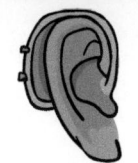

aparelho auditivo

aparat auditiv

desinfetante

dezinfectant

infecção

infecţie

vírus

virus

HIV / AIDS

HIV/SIDA

medicamento

medicină

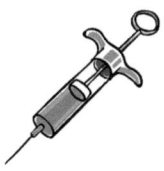

vacinação

vaccin

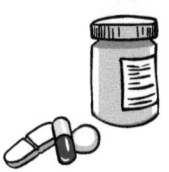

comprimidos

tablete

pílula

pastilă

chamada de emergência

apel de urgenţă

dispositivo de medição de
pressão arterial

aparat de măsurare a
presiunii arteriale

doente / saudável

bolnav/sănătos

Socorro!

Ajutor!

alarme

alarmă

assalto

agresiune

ataque

atac

perigo

pericol

saída de emergência

ieșire de urgență

Fogo!

Foc!

extintor de incêndios

extinctor

acidente

accident

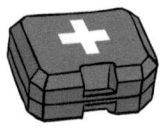

maleta de primeiros socorros

trusă de prim-ajutor

SOS

SOS

polícia

poliție

Europa

Europa

América do Norte

America de Nord

América do Sul

America de Sud

África

Africa

Ásia

Asia

Austrália

Australia

Atlântico

Altantic

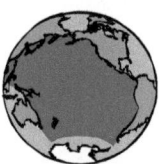

Pacífico

Pacific

Oceano Índico

Oceanul Indian

Oceano Antártico

Oceanul Antarctic

Oceano Ártico

Oceanul Arctic

Polo Norte

Polul Nord

Polo Sul
Polul Sud

Antártica
Antarctica

Terra
pământ

terra
țară

mar
mare

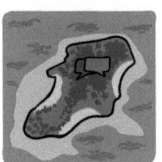

ilha
insulă

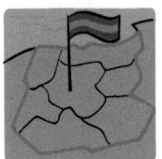

nação
națiune

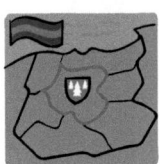

estado
stat

mostrador do relógio

cadran

ponteiro das horas

orar

ponteiro dos minutos

minutar

ponteiro dos segundos

secundar

Que horas são?

Cât e ceasul?

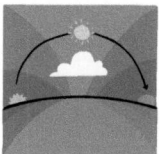

dia

zi

tempo

timp

agora

acum

relógio digital

cead digital

minuto

minut

hora

oră

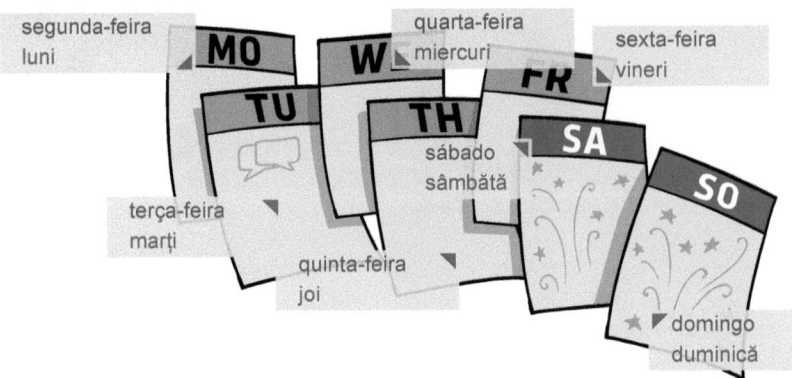

segunda-feira
luni

terça-feira
marți

quarta-feira
miercuri

quinta-feira
joi

sexta-feira
vineri

sábado
sâmbătă

domingo
duminică

ontem

ieri

hoje

azi

amanhã

mâine

manhã

dimineață

meio-dia

amiază

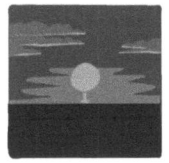

entardecer

seară

MO	TU	WE	TH	FR	SA	SU
1	2	3	4	5	6	7
8	9	10	11	12	13	14
15	16	17	18	19	20	21
22	23	24	25	26	27	28
29	30	31	1	2	3	4

dias úteis

zile lucrătoare

MO	TU	WE	TH	FR	SA	SU
1	2	3	4	5	6	7
8	9	10	11	12	13	14
15	16	17	18	19	20	21
22	23	24	25	26	27	28
29	30	31	1	2	3	4

fim de semana

week-end

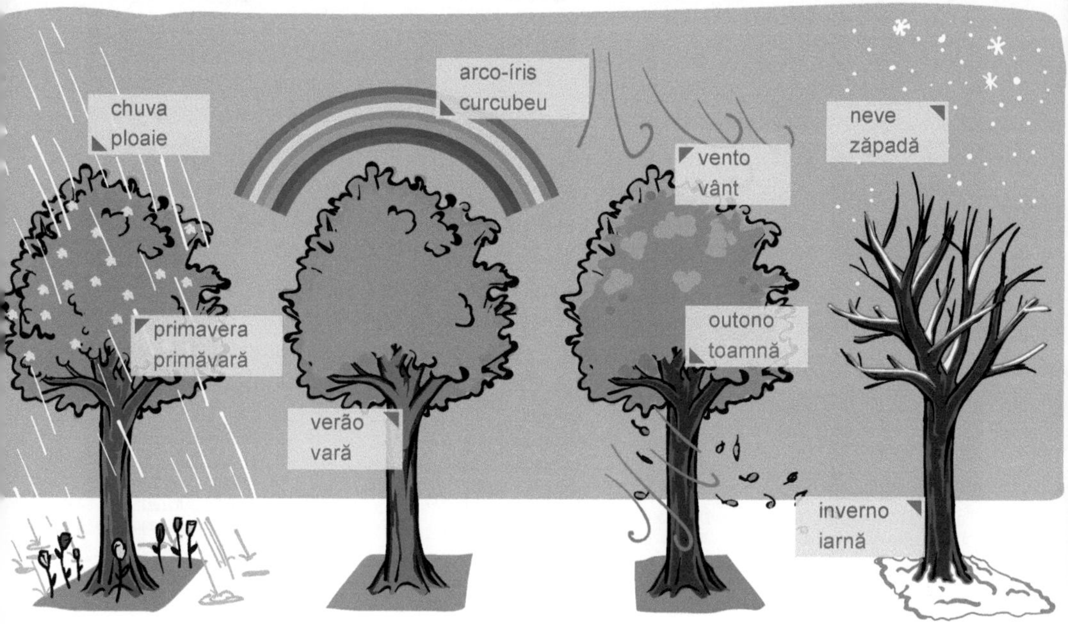
chuva
ploaie
arco-íris
curcubeu
vento
vânt
neve
zăpadă
primavera
primăvară
outono
toamnă
verão
vară
inverno
iarnă

4.APRIL 11°
5.APRIL 4°
6.APRIL 13°
7.APRIL 8°
8.APRIL 10°

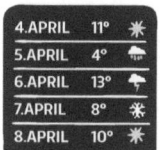

previsão do tempo

prognoză meteo

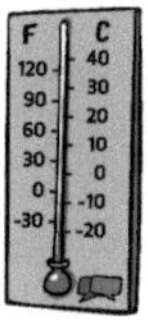
F C
120 40
90 30
60 20
30 10
0 0
-30 -10
-20

termômetro

termometru

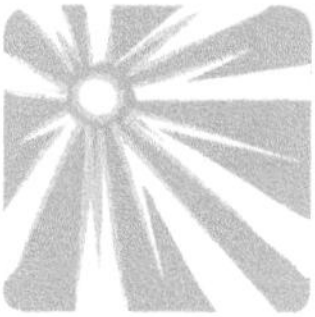

raio de sol

lumina soarelui

nuvem

nor

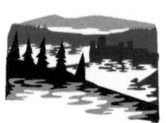

neblina / nevoeiro

ceață

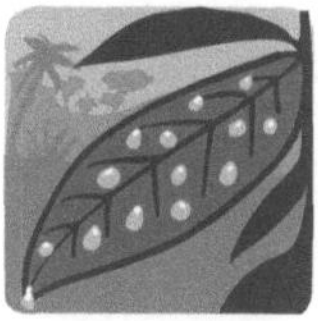

umidade do ar

umiditate a aerului

relâmpago

fulger

trovão

tunet

tempestade

furtună

granizo

grindină

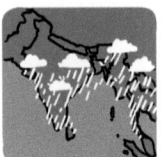

monção

muson

inundação

inundație

gelo

gheață

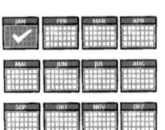

janeiro

ianuarie

fevereiro

februarie

março

martie

abril

aprilie

maio

mai

junho

iunie

julho

iulie

agosto

august

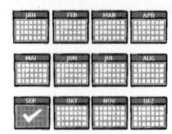

setembro

septembrie

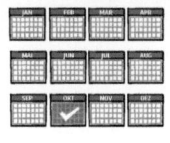

outubro

octombrie

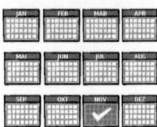

novembro

noiembrie

dezembro

decembrie

círculo

cerc

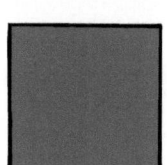

quadrado

pătrat

retângulo

dreptunghi

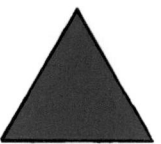

triângulo

triunghi

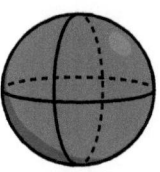

esfera

sferă

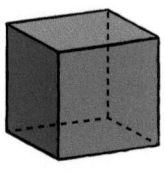

cubo

cub

cores
culori

branco
....
alb

amarelo
....
galben

laranja
....
portocaliu

rosa
....
roz

vermelho
....
roșu

lilás
....
violet

azul
....
albastru

verde
....
verde

marrom
....
maro

cinza
....
gri

preto
....
negru

muito / pouco

mult/puțin

furioso / tranquilo

furios/calm

lindo / feio

frumos/urât

começo / fim

început/sfârșit

grande / pequeno

mare/mic

claro / escuro

luminos/întunecat

irmão / irmã

frate/soră

limpo / sujo

curat/murdar

completo / incompleto

complet/incomplet

dia / noite

zi/noapte

morto / vivo

mort/viu

largo / estreito

lat/strâmt

comestível / não comestível

comestibil/necomestibil

mau / gentil

rău/prietenos

entusiasmado / entediado

emoționat/plictisit

gordo / magro

gras/slab

primeiro / último

primul/ultimul

amigo / inimigo

prieten/inamic

cheio / vazio

plin/gol

duro / macio

tare/moale

pesado / leve

greu/ușor

fome / sede

foame/sete

doente / saudável

bolnav/sănătos

ilegal / legal

ilegal/legal

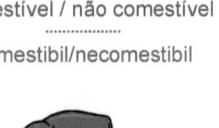

inteligente / idiota

inteligent/stupid

esquerda / direita

stânga/dreapta

perto / longe

aproape/departe

novo / usado

nou/uzat

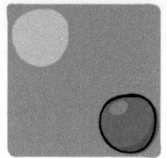

nada / alguma coisa

nimic/ceva

velho / jovem

bătrân/tânăr

ligado / desligado

pornit/oprit

aberto / fechado

deschis/închis

baixo / alto

încet/tare

rico / pobre

bogat/sărac

certo / errado

corect/fals

áspero / liso

aspru/neted

triste / feliz

trist/fericit

curto / longo

lung/scurt

lento / rápido

încet/repede

molhado / seco

ud/uscat

ameno / fresco

cald/rece

guerra / paz

război/pace

0

zero

zero

1

um

unu

2

dois

doi

3

três

trei

4

quatro

patru

5

cinco

cinci

6

seis

șase

7

sete

șapte

8

oito

opt

9

nove

nouă

10

dez

zece

11

onze

unsprezece

12

doze

douăsprezece

13

treze

treisprezece

14

quatorze

paisprezece

15

quinze

cincisprezece

16

dezesseis

șaisprezece

17

dezessete

șaptesprezece

18

dezoito

optsprezece

19

dezenove

nouăsprezece

20

vinte

douăzeci

100

cem

o sută

1.000

mil

o mie

1.000.000

milhão

un milion

inglês
englezā

inglês americano
englezā americanā

chinês mandarim
chineza mandarinā

hindi
hindi

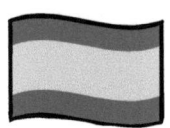

espanhol
spaniolā

francês
francezā

árabe
arabā

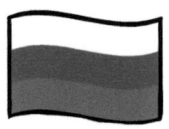

russo
rusā

português
protughezā

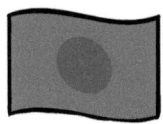

bengalês
bengalezā

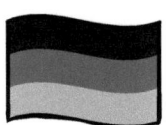

alemão
germanā

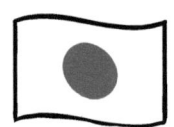

japonês
japonezā

eu
eu

você
tu

ele / ela
el/ea

nós
noi

vocês
voi

eles / elas
ea

quem?
cine?

O quê?
ce?

como?
cum?

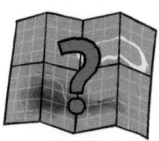

onde?
unde?

Quando?
când?

nome
nume

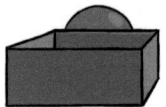

atrás

în spate

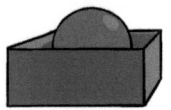

em

în

na frente de

înainte

sobre

peste

em cima

pe

debaixo

sub

do lado

lângă

entre

între

lugar

loc